내 혼에 불을 놓아

© 2006 Lee Hae-In

Enkindle My Soul

Benedict Press, Waegwan, Korea

내 혼에 불을 놓아
1979년 4월 초판
2007년 1월 신정판(51쇄)
2021년 4월 53쇄
ⓒ 지은이 · 이해인
펴낸이 · 박현동
펴낸곳 · 성 베네딕도회 왜관수도원 ⓒ 분도출판사
찍은곳 · 분도인쇄소
등록 · 1962년 5월 7일 라15호
04606 서울 중구 장충단로 188(분도출판사 편집부)
39889 경북 칠곡군 왜관읍 관문로 61(분도인쇄소)
분도출판사 · 전화 02-2266-3605 · 팩스 02-2271-3605
분도인쇄소 · 전화 054-970-2400 · 팩스 054-971-0179
www.bundobook.co.kr
ISBN 978-89-419-0701-5 03810

* 신저작권법에 따라 보호를 받는 저작물이므로 무단 전재와 무단 복제를 금합니다.

내 혼에 불을 놓아

이해인

분도출판사

▫초판 서문▫

    살아서는 고치기 힘든 병이 있다면, 그리고 살아 있는 동안 꼭 앓아야 할 하나의 병이 있다면 그것은 바로 사랑이라고 말하고 싶습니다. 유한한 인간이 무한한 사랑을 추구하며 그의 포로가 될 수 있음은 얼마나한 놀라움입니까. 진리이며 선이며 아름다움 자체이신 분의 엄청난 사랑은 나를 다함없는 기쁨과 눈물 속으로 밀어넣었습니다. 사랑이신 분의 큰 들판에서 나는 구름, 바람, 민들레 그리고 풀잎이나 나비의 모습으로 철없이 뛰노는 작은 님프이기도 하고, 사랑으로 말미암은 이별과 기도와 죽음을 시로 노래하려는 작은 수녀입니다.

    시를 쓰는 자신이 종종 바보스럽게 느껴질 때가 있습니다. 헛디딘 말 때문에 번번이 실망하고 애를 태우면서도 쓰지 않고는 못 배기는 그 오래된 습성 — 나는 시를 쓸 때마다 늘 몸살을 앓았습니다. 쓰고 나면 기쁜 것 이상의 두려움이 항상 따랐습니다. 써 놓은 시를 산다는 것의 어려움을 더욱 절감하며 조금씩 기도하는 법을 익히고 있습니다.

내가 걷고 있는 이 길에서 시보다 더 좋은 사랑과 기도의 표현을 나는 아직 찾지 못했습니다. 그리고 그것은 내게 있어 가장 좋은 수련의 방법이기도 합니다.

수녀원의 안뜰에서 틈틈이 불러모은 나의 노래들을 밖으로 날려보냄이 심히 부끄럽습니다. 그러나 여기 담긴 소품들을 내가 사랑의 빚을 지고 사는, 사랑하는 모든 이에게 바치고 싶습니다.

끝으로 아가의 신부처럼 나도 말하게 해 주십시오. "나의 임을 만나거든 제발 내가 사랑으로 병들었다고 말해 다오"(아가 5,8). 네, 그렇습니다. 나의 남은 날들을 더 열심히 앓겠습니다. 그리고 기쁨과 감사의 찬가를 부르겠습니다.

1979년 봄
이해인 수녀

| 이 | 해 | 인 |

□ 개정판 서문 □

    1979년에 초판을 냈으니 거의 30년 만에 개정판을 내는 『내 혼에 불을 놓아』에 실린 50여 편의 시들은 비교적 짧고 운율도 잘 구분되어 있어 그런지 가곡이나 성가로 만들어진 것들이 많습니다. 다시 읽어 보니 1976년 종신서원을 한 구도자의 절절한 사랑과 열정이 느껴지는 시들이 많아 감회가 깊습니다.
    첫시집『민들레의 영토』나 세 번째 시집『오늘은 내가 반달로 떠도』와는 또 다른 애착을 제가 갖고 있는 시집입니다.
    '내가 만약 다시 태어난다면 / 엄청난 당신보다는 / 덜 힘든 한 사람을 선택하겠습니다' 라고 「다시 태어난다면」이라는 시에서 고백한 직설적인 표현으로 인해, 여러 지인들로부터 필요 이상의 오해를 많이 받아 괴로웠던 그 시간들도 이제는 아득한 옛일이 되었습니다.

30년 전이나 지금이나 변함없이 '내 혼에 불을 놓는' 크고 깊고 높은 그 사랑 앞에 이제는 좀 더 편안하고 담백한 물빛의 기도를 바칠 수 있어 행복합니다.

독자들에게 좀 더 쉽게 다가갈 수 있도록 아름답게 꾸며 주신 분도출판사와 화가 공미라 님께도 깊이 감사드립니다.

2006년 겨울
부산 광안리 바다가 보이는 수녀원에서
이해인 수녀

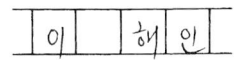

차례

초판 서문 … 4
개정판 서문 … 6

1

내일 … 14
살아 있는 날은 … 15
나비의 연가 … 16
봄 아침 … 18
부르심 … 20
가위질 … 22
반지 … 23
오늘의 얼굴 … 24
민들레 … 26
강 … 27
주일에 나는 … 28
진달래 … 30

2

나팔꽃 … 34
빨래 … 36
파도여 당신은 … 38
우산이 되어 … 40
뜨개질 … 42
어머니 … 44
봉숭아 … 46
아가雅歌 … 47
아침 바다에서 … 48
비밀 … 50
밤의 기도 … 52

3

하느님 당신은 … 56

삶 … 58

가을 저녁 … 60

어머니의 손 … 61

가을 … 62

가을 노래 … 64

당신이 왕이라면 … 66

떠난 벗에게 … 68

그대 차가운 손을 … 70

가을 편지 … 72

4

새해 아침 … 82
사랑 … 83
바람이여 … 84
촛불 … 86
겨울 산길에서 … 88
다시 태어난다면 … 89
나무의 마음으로 … 90
겨울 노래 … 92
밤 바다 … 94
편지 … 96
나목일기裸木日記 … 98
불망不忘의 날에 … 100
대답해 주십시오 … 103

5

내 혼에 불을 놓아 … 108

추천사 / 홍윤숙 … 115

1

봄마다 앓아 눕는
우리들의 지병은 사랑

내일

부르지 않아도
이미
와 있는 너

이승의 어느 끝엘 가면
네 모습
안 보일까

물 같은 그리움을
아직은 우리
아껴 써야 하리

내가 바람이면
끝도 없는 파도로
밀리는 너

살아 있는 날은

마른 향내 나는
갈색 연필을 깎아
글을 쓰겠습니다

사각사각 소리나는
연하고 부드러운 연필 글씨를
몇 번이고 지우며
다시 쓰는 나의 하루

예리한 칼끝으로 몸을 깎이어도
단정하고 꼿꼿한 한 자루의 연필처럼
정직하게 살고 싶습니다

나는 당신의 살아 있는 연필
어둠 속에도 빛나는 말로
당신이 원하시는 글을 쓰겠습니다

정결한 몸짓으로 일어나는 향내처럼
당신을 위하여
소멸하겠습니다

나비의 연가

가르쳐 주시지 않아도
처음부터 알았습니다
나는 당신을 향해 날으는
한 마리 순한 나비인 것을

가볍게 춤추는 나에게도
슬픔의 노란 가루가
남몰래 묻어 있음을 알았습니다

눈멀 듯 부신 햇살에
차라리 날개를 접고 싶은
황홀한 은총으로 살아온 나날

빛나는 하늘이
훨훨 날으는
나의 것임을 알았습니다

행복은 가난한 마음임을 가르치는
풀잎들의 합창

수없는 들꽃에게 웃음 가르치며
나는 조용히 타버릴
당신의 나비입니다

부디 꿈꾸며 살게 해 주십시오
버려진 꽃들을 잊지 않게 하십시오

들릴 듯 말 듯한 나의 숨결은
당신께 바쳐지는
무언無言의 기도

당신을 향한
맨 처음의 사랑
불망不忘의 나비입니다, 나는

봄 아침

창틈으로 쏟아진
천상 햇살의
눈부신 색실 타래

하얀 손 위에 무지개로 흔들릴 때
눈물로 빚어내는
영혼의 맑은 가락

바람에 헝클어진 빛의 올을
정성껏 빗질하는 당신의 손이
노을을 쓸어내는 아침입니다

초라해도 봄이 오는 나의 안뜰에
당신을 모시면
기쁨 터뜨리는 매화 꽃망울

문신 같은 그리움을
이 가슴에 찍어 논
당신은 이상한 나라의 주인

지울 수 없는 슬픔도
당신 앞엔
축복입니다

부르심

나의 신은 잠잠하다
바람 속에만 말씀하신다

귀 막아도 들리는
가슴속 파도 소리

목마르다
목마르다

바람 불면
바람 속에 나는
혼자일 수 없다

해질녘 바다에서
내가 만난 영혼들이
손을 내밀고

끝없이 보채는
당신의 기침 소리

그 소리 비켜
이제는 어디로도
떠날 수 없다

가위질

예쁜 색지도
무늬 고운 헝겊도
쏙닥쏙닥 오리길 좋아했었네

기인 머리채도
결 고운 비단도
나를 자르듯
잘라낼 수 있었지만

칼끝 같은 가위로도
도려낼 수 없는

아득하고 아득한
너를 향해
펼쳐진 마음

반지

약속의 사슬로
나를 묶는다

조금씩 신음하며
닳아 가는 너

난초 같은 나의 세월
몰래 넘겨 보며

가늘게 한숨 쉬는
사랑의 무게

말없이 인사 건네며
시간을 감는다
나의 반려는

잠든 넋을 깨우는
약속의 사슬

오늘의 얼굴

내가 돌보지 못해
묘비처럼 잊혀진
너의 얼굴

미안하다 악수 나눌 때
나는 떳떳하고
햇살은 눈부시다

슬픔에 수척해진
숱한 기억들을 지워 보내며
내일 향해 그네 뛰는
오늘의 행복

문을 열어라

나는 너를 위해
한 점 바람에도
흔들리는 풀잎

새 옷을 차려입고
떠날 채비를 하는
나의 오늘이여

착한 누이의 사랑으로
너를 보듬으면
올올이 쏟아지는 빛의 향기

어김없는 약속의
내일로 가라

민들레

은밀히 감겨간 생각의 실타래를
밖으로 풀어내긴 어쩐지 허전해서
차라리 입을 다문 노란 민들레

앉은뱅이 몸으로는 갈길이 멀어
하얗게 머리 풀고 솜털 날리면
춤추는 나비들도 길 비켜 가네

꽃씨만한 행복을 이마에 얹고
바람한테 준 마음 후회 없어라
혼자서 생각하다 혼자서 별을 헤다
땅에서 하늘에서 다시 피는 민들레

강

지울수록 살아나는
당신 모습은

내가 싣고 가는
평생의 짐입니다

나는 밤낮으로 여울지는
끝없는 강물

흐르지 않고는
목숨일 수 없음에

오늘도 부서지며
넘치는 강입니다

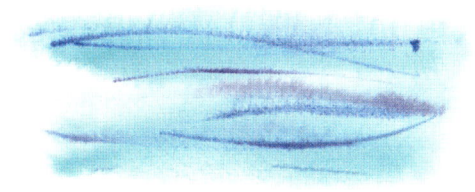

주일에 나는

주일에 나는
물방울 같은 언어를
하늘에 튕깁니다

평소에 잃었던 나를 찾아들고
빈 집으로 오는 길

어둠이 깊을수록
잘 보이는 당신 앞에

나는 허무를 쪼아먹는
벙어리 새입니다

내 생애의 어느 들판에
겸손의 들꽃은 필 것입니까

뼈 마디 마디
내가 무거워 부서지는
안갯빛 가루

죽은 이도 일어나 앉는 주일에
산 이들이 뿜어내는
뽀얀 한숨 소리

나는 하나인 당신을 위해
물방울 같은 기도를
하늘에 튕깁니다

진달래

해마다 부활하는
사랑의 진한 빛깔 진달래여

네 가느단 꽃술이 바람에 떠는 날
상처입은 나비의 눈매를 본 적이 있니
견딜 길 없는 그리움의 끝을
너는 보았니

봄마다 앓아 눕는
우리들의 지병은 사랑

아무것도 보이지 않는다
아무것도 잡히지 않는다

한 점 흰 구름 스쳐 가는 나의 창가에
왜 사랑의 빛은 이토록 선연한가

모질게 먹은 마음도
해 아래 부서지는 꽃가루인데

물이 피 되어 흐르는가
오늘도 다시 피는
눈물의 진한 빛깔 진달래여

2

누구의 설움이 비 되어 오나
피해도 젖어 오는 무수한 빗방울

나팔꽃

햇살에 눈뜨는 나팔꽃처럼
나의 생애는
당신을 향해 열린
아침입니다

신선한 뜨락에 피워 올린
한 송이 소망 끝에
내 안에서 종을 치는
하나의 큰 이름은
언제나 당신입니다

순명보다 원망을 드린
부끄러운 세월 앞에
해를 안고 익은 사랑

때가 되면
추억도 버리고 떠날
나는 한 송이 나팔꽃입니다

빨래

초록색 물통 가득
춤추며 일어나는 비누거품 속에
살아 있는 나의 때(汚)가
울며 사라진다

나는 참 몰랐었다
털어도 털어도 먼지 낀 내 마음속
너무 오래 빨지 않아
곰팡이 피었음을

살아 있는 동안은
묵은 죄를 씻어내듯
빨래를 한다
어둠을 흔들어 헹구어낸다

물통 속에 출렁이는
하늘자락 끌어올려
빳빳하게 풀 먹이는
나의 손이여

무지갯빛 거품 속에
때묻은 날들이
웃으며 사라진다

파도여 당신은

파도여 당신은
누워서도 잠들지 않는
바람의 집인가

어느날 죽어 버린
나의 꿈을 일으키며
산이 되는 파도여

오늘도 나는
말을 잃는다

신의 모습을 닮아
출렁이는 당신이
그리 또한 태연한가

사랑하지 않고는
잠시도 못 견디는
시퍼런 고뇌의 당신이

언젠가 통째로 나를 안을 하느님
파도여 당신은
누워서도 잠 못 드는 기다림인가

우산이 되어

우산도 받지 않은
쓸쓸한 사랑이
문 밖에 울고 있다

누구의 설움이
비 되어 오나
피해도 젖어 오는
무수한 빗방울

땅 위에 떨어지는
구름의 선물로 죄를 씻고 싶은
비오는 날은 젖은 사랑

수많은 나의 너와
젖은 손 악수하며
이 세상 큰 거리를
한없이 쏘다니리

우산을 펴 주고 싶어
누구에게나
우산이 되리
모두를 위해

뜨개질

나의 젖은 머리채를
침상에 눕혀 놓고
밤은 걸상에 혼자 앉아
뜨개질을 한다

대낮에 내가 뜨다
빠뜨린 한 코 한 코
다시 찾아 맞추며
내 이름을 부르는 밤

허영의 겹옷을 벗어던지고
빈 몸으로 누워서
대답하는 시간이여

배고픈 내 영혼이 불씨를 당겨 오는
밤은 아무도 돌로 치지 않는
그리스도의 심장

죽은 자들의 수의와
남은 자들의 예복을
함께 손질하는 어둠의 안방

빛을 보기 위하여
나를 보기 위하여
나는 또
밤을 뜨개질한다

어머니

당신의 이름에선
색색의 웃음 칠한
시골집 안마당의
분꽃 향기가 난다

안으로 주름진 한숨의 세월에도
바다가 넘실대는
남빛 치마폭 사랑

남루한 옷을 걸친
나의 오늘이
그 안에 누워 있다

기워 주신 꽃골무 속에
소복히 담겨 있는
유년의 추억

당신의 가르마같이
한 갈래로 난 길을
똑바로 걸어가면

나의 연두 갑사 저고리에
끝동을 다는
다사로운 손길

까만 씨알 품은
어머니의 향기가
바람에 흩어진다

봉숭아

한여름 내내
태양을 업고
너만 생각했다

이별도 간절한 기도임을
처음 알았다

어떻게 살아야 할까
어떻게 잊어야 할까

내가 너의 마음 진하게
물들일 수 있다면
네 혼에 불을 놓는
꽃잎일 수 있다면

나는
숨어서도 눈부시게
행복한 거다

아가 雅歌

당신을 기억하는 순간은 커다란 밤
그러나 당신이 주신 어둠은
단단한 껍질의 절망을 뚫고
빛의 알을 낳아 주는 흰 새입니다

당신을 기억하는 순간은 생손 앓는 밤
그러나 당신이 주신 어둠은
가시 돋친 슬픔을 뽑아
장미를 피워내는 사랑입니다

자고 나면 한뼘 더한
내 부끄러움의 길이마저
기도가 되는 당신 앞에

나는 후미진 산길을 서성대는
한 마리 산꿩입니다

아침 바다에서

금빛 번쩍이는 욕망의 비늘을 털고
당신께 가겠습니다

밤새 침몰했던 죽음들이
흰 거품 물고 일어서는 부활의 바다

황홀한 아침을
전신全身으로 쏟아내는 당신 앞에
나는 몸부림치며 부서지는
숙명의 파도입니다

승리의 기를 흔들며 오실 당신을 위해
빈 배로 닻을 내린 나의 생애

수평선을 가르며
춤추는 갈매기로 가겠습니다

내력을 묻지 않고
보채는 내 마음을 안아 주는 바다

영원이 흰 포말泡沫로 일어서는
바다로 가겠습니다

비밀

겹겹이 싸매 둔 장미의 비밀은
장미 너만이 알고
속으로 피흘리는 나의 아픔은
나만이 안다

살아서도 죽어 가는
이 세상 비인 자리

이웃과 악수하며 웃음 날리다
뽀얀 외롬 하나
구름으로 뜨는 걸
누가 알까

꽃밭에 불밝힌
장미의 향기보다
더 환히 뜨겁고
미쁜 목숨 하나

별로 뜨는 사랑
누가 알까

밤의 기도

내가 당신의 이름을 부르는
밤은 싱싱한 바다

별을 삼킨 인어 되어
깊은 어둠 속을 헤엄쳐 가면
뜨거운 불향기의 당신이 오십니다

고단한 여정에
살갗마다 스며든 쓰라림을
향유로 씻어내며 크게 하소서

안 보이는 밤에는
더욱 잘 보이는
당신의 얼굴

눈멀어야 가까이 볼 수 있다면
눈멀게 하소서
너무 많이 사랑함도 죄일 수 있다면
죄인이게 하소서

죽음과 이별하고
소리없이 일어서는
밤은 눈이 큰 바다

순결한 나를 그 바다 위에
떠올리게 하소서
가느단 빛의 올을 꼬리에 하늘대며
수천의 새 아침을 쏟아내게 하소서

3

가을은
사랑에 빠진 하느님 얼굴

하느님 당신은

나에게서 당신을 빼고 나면
아무것도 남지 않을
가난뱅이 여인

나에게 당신을 옷 입히면
아무것도 부러울 게 없는
궁전의 여인

하느님
아무래도 당신은
기적의 신입니다

보이지 않는 당신이
순간마다 내 안에 살아오시니
내가 감히 당신을 사랑하다니

당신은 물입니까
당신은 불입니까
당신은 바람입니까

사랑하는 자에게만
사랑으로 탄생하는
사랑의 신이시여

가장 짧은 말로
가장 깊은 기도를
바치게 하소서

삶

내 몸 속에 길을 낸 혈관 속에
사랑은 살아서 콸콸 흐르고 있다

내 허전한 머리를 덮은 머리카락처럼
죽음도 검게 일어나
나와 함께 매일을 빗질하고 있다

깎아도 또 생기는 단단한 껍질
남모르게 자라나는 나의 손톱처럼
보이지 않는 신앙도
보이지 않게 크고 있다

살아 있는 세포마다
살아 있는 사랑
살아 있는 슬픔을
아무도 셀 수가 없다

산다는 것은
흐르면서 죽는 것
보이지 않게

조금씩 흔들리며
성숙하는 아픔이다

가을 저녁

박하 내음의 정결한 고독의 집
연기가 피네

당신 생각 하나에
안방을 비질하다
한 장의 홍엽紅葉으로
내가 물든 가을 저녁

낡고 정든 신도 벗고
떠나고 싶네

어머니의 손

늦가을 갈잎 타는 내음의
마른 손바닥

어머니의 손으로
강이 흐르네

단풍잎 떠내리는
내 어릴 적 황홀한 꿈

어머니를 못 닮은 나의 세월
연민으로 쓰다듬는 따스한 손길

어머니의 손은 어머니의 이력서
읽을수록 길어지네

오래된 기도서의
낡은 책장처럼 고단한 손

시들지 않는 국화 향기 밴
어머니의 여윈 손

가을

보고 싶어
보고 싶어

가을은
사랑에 빠진
하느님 얼굴

산천이
일어서네

풀섶의 벌레가
숨어 빚는 가락이
기도가 되는

가을은
나를 안은
유리 항아리

눈을 감아도
하늘 고이네
물이 고이네

가을 노래

가을엔 물이 되고 싶어요
소리를 내면 비어 오는
사랑한다는 말을
흐르며 속삭이는 물이 되고 싶어요

가을엔 바람이고 싶어요
서걱이는 풀잎의 이마를 쓰다듬다
깔깔대는 꽃 웃음에 취해도 보는
연한 바람으로 살고 싶어요

가을엔 풀벌레이고 싶어요
별빛을 등에 업고
푸른 목청 뽑아 노래하는
숨은 풀벌레로 살고 싶어요

가을엔 감이 되고 싶어요
가지 끝에 매달린 그리움 익혀

당신의 것으로 바쳐 드리는
불을 먹은 감이 되고 싶어요

당신이 왕이라면
— 그리스도 왕 대축일에

구해야 할 자들이 하도 많아
혼자서 처절히 피흘려 죽은
당신이 진정 왕이십니까

온통 귀먹고 병든 세상에
산천이 울리도록 큰 대답 주십시오
당신이 왕이라면

살아온 당신을 향해
또다시 밤마다 칼을 가는 자들이
유다와 함께 횃불 들고 달려오는데

당신을 모르노라 고개 흔드는 베드로와
나도 시시로 악수를 나누는데
그래도 당신이 왕이십니까

빛보다 어둠 짙은 세상에 안겨
바보처럼 숨어서 울지도 못하는
약자의 설움을 가엾이 여겨 주십시오

내가 어디쯤 와 있는지
당신의 집은 보이지 않습니다

날마다 조금씩 내가 죽지를 못해
내 안에 그대로 죽어 계신 분이여

어떻게 당신을 살려내야 합니까
제발 큰 소리로 대답해 주십시오
당신이 왕이라면

떠난 벗에게

─마리 데레사 수녀님 영전에

우리가 얼굴을 마주했던 이승의 가지 끝에서
네가 먼저 한 장 낙엽으로 떨어져 누운 날은
잿빛 바람이 불었다

가을의 손에 안겨
한 마디 인사 없이 떠나간 너

꽃으로 피어나던 너의 젊음이 지고 난 뒤엔
흩어진 그림자만 남아서 운다

아직도 귀에 익은 밭은 기침 소리
네가 길들인 책상 위엔
서원의 합장을 한 두 손이 보이고
까만 구두엔 이승을 걸어나간 발의 그림자

네가 쓰다 만 편지처럼 미완성의 세월을
우리도 잊으며 잊혀지며 살아야 한다

벗이여 말해 다오
그대 잠깐 자리를 비킨 것뿐
숨어서 남은 우리를 기다린다고

먼 이별은 가까운 만남으로 되돌아오고
네 눈감은 슬픔은 눈부신 부활의 빛으로
환히 뜨일 날을 믿게 해 다오

지금은 떨어져 간 보고 싶은 친구
기다리는 친구여

그대 차가운 손을

— 위령 성월에

해가 지는 언덕에서
온 몸에 바람 휘감고
당신을 생각합니다

아직은 낯설어도
언젠가 몸째로
나를 안을 그대

때가 되면 다정히
날 데려가 주어요

그대 차가운 두 손을 내밀어도
아무 말 없이 떠날 수 있게
얼마쯤의 시간을 허락해 주어요

그대 등에 업히어
흰 강을 건널 땐
무슨 노래를 불러야 할지

그 나라의 향연에선
무슨 옷을 입어야 할지
밤마다 설레며 생각합니다

가을 편지

1
그 푸른 하늘에
당신을 향해 쓰고 싶은 말들이
오늘은 단풍잎으로 타버립니다

밤새 산을 넘은 바람이
손짓을 하면
나도 잘 익은 과일로
떨어지고 싶습니다
당신 손 안에

2
호수에 하늘이 뜨면
흐르는 더운 피로
유서처럼 간절한 시를 씁니다

당신의 크신 손이
우주에 불을 놓아
타는 단풍잎

흰 무명옷의 슬픔들을
다림질하는 가을

은총의 베틀 앞에
긴 밤을 밝히며
결 고운 사랑을 짜겠습니다

3
세월이 흐를수록
드릴 말씀은 없습니다

옛적부터 타던 사랑
오늘은 빨갛게 익어
터질 듯한 감홍시

참 고마운 아픔이여

4
이름 없이 떠난 이들의
이름 없는 꿈들이
들국화로 피어난 가을 무덤가

흙의 향기에 취해
가만히 눈을 감는 가을

이름 없이 행복한 당신의 내가
가난하게 떨어져 누울 날은
언제입니까

5
감사합니다, 당신이여
호수에 가득 하늘이 차듯
가을엔 새파란 바람이고 싶음을,
무량無量한 말씀들을
휘파람 부는 바람이고 싶음을
감사합니다

6
당신 한 분 뵈옵기 위해
수없는 이별을 고하며 걸어온 길
가을은 언제나
이별을 가르치는 친구입니다

이별의 창을 또 하나 열면
가까운 당신

7
가을에 혼자서 바치는
낙엽빛 기도

삶의 전부를 은총이게 하는
당신은 누구입니까

나의 매일을
기쁨의 은방울로 쩔렁이는 당신
당신을 꼭 만나고 싶습니다

8
가을엔 들꽃이고 싶습니다
말로는 다 못할 사랑에
몸을 떠는 꽃

빈 마음 가득히 하늘을 채워
이웃과 나누면 기도가 되는

숨어서도 웃음 잃지 않는
파란 들꽃이고 싶습니다

9
유리처럼 잘 닦인 마음밖엔
가진 게 없습니다

이 가을엔 내가
당신을 위해 부서진
진줏빛 눈물

당신의 이름 하나 가슴에 꽂고
전부를 드리겠다 약속했습니다

가까이 다가설수록
손잡기 어려운 이여
나는 이제 당신 앞에
무엇을 해야 합니까

10
이끼 낀 바위처럼
정답고 든든한 나의 사랑이여

당신 이름이 묻어 오는 가을 기슭엔
수만 개의 흰 국화가 떨고 있습니다
화려한 슬픔의 꽃술을 달고
하나의 꽃으로 내가 흔들립니다

당신을 위하여
소리없이 소리없이
피었다 지고 싶은

11

누구나 한 번은
수의를 준비하는 가을입니다

살아온 날을 고마워하며
떠날 채비에
눈을 씻는 계절

모두에게 용서를 빌고
약속의 땅으로 뛰어가고 싶습니다

12

낙엽 타는 밤마다
죽음이 향기로운 가을
당신을 위하여
연기로 피는 남은 생애
살펴 주십시오

죽은 이들이 나에게
정다운 말을 건네는
가을엔 당신께 편지를 쓰겠습니다

살아남은 자의 카랑카랑한 목소리로
아직은 마지막이 아닌
편지를 쓰겠습니다

4

어디서 바람은
길을 막고 있는가

새해 아침

바다가 토해내는
아픈 기침 소리에
새벽이 눈을 뜬다

묵은 날들을 사르고
새로운 태양이
너울대는 도포자락

무녀巫女처럼 춤추며
나의 혼魂이 치닫는
당신의 나라

독 묻은 빛 화살에
차라리 눈먼 나비어도
가지 않고는 못 배기겠네

아아 어디서 바람은
길을 막고 있는가

사랑

문 닫아도 소용없네
그의 포로 된 후
편히 쉴 날 하루도 없네

아무도 밟지 않은
내 가슴 겨울 눈밭
동백꽃 피흘리는
아픔이었네

그가 처음으로 내게 왔을 제
나는 이미
그의 것이었네

부르면 빛이 되는
절대의 그
문 닫아도 들어오네

탱자꽃 하얗게
가시 속에 뿜어낸
눈물이었네

바람이여

살 속 깊이 들어박힌
나의 슬픔은
바람이여 모두가 너의 탓이다

바위 끝에 부서지는 이승의 파도 위에
나를 낳아 키워서
갖고 싶은 바람이여

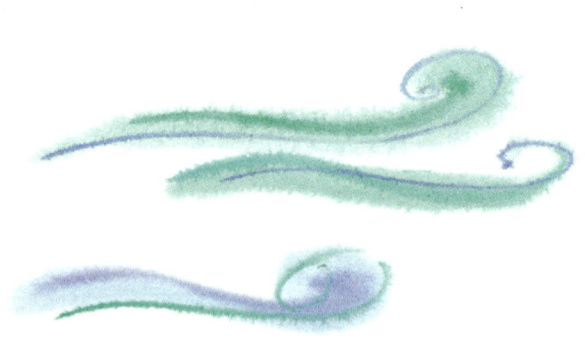

처음의 네 사랑이 칼로 꽂힌 심장에
위로의 눈짓 한번 건네 주지 않는
무정한 바람이여

어둠을 일으킨 그대
화살을 쏘아
시름시름 앓아 누운
내 불면의 세월

상처받은 사랑은
할 말이 없다

잠시도 날 잊지 못해
스러진 남은 목숨
불고 싶은 바람이여
죽지 않는 바람이여

촛불

말은 이미
끝났습니다

순백의 가슴 둘레
불꽃으로 피운 눈물

바람에도 휘지 않는 노을빛 사랑
당신은
내 이름을 불러 주십시오

죽어서도 무덤 없는
고독의 불꽃

소리도 안 들리는 곳에서
승천을 꿈꾸며
태워 온 갈망

당신 위해 준비된 나에게
말은 이미
소용이 없습니다

겨울 산길에서

추억의 껍질 흩어진 겨울 산길에
촘촘히 들어앉은 은빛 바람이
피리 불고 있었네

새 소리 묻은 솔잎 향기 사이로
수없이 듣고 싶은 그대의 음성
얼굴은 아직 보이지 않았네

시린 두 손으로 햇볕을 끌어내려
새 봄의 속옷을 짜는
겨울의 지혜

찢어진 나목裸木의 가슴 한켠을
살짝 엿보다
무심코 잃어버린
오래 전의 나를 찾았네

다시 태어난다면

내가 만약 다시 태어난다면
엄청난 당신보다는
덜 힘든 한 사람을 선택하겠습니다

나의 뜻과 어긋나는 당신이기에
나는 놀라서 도망치다
신들린 바람

내가 만약 죽어서
다시 태어난다면
사랑이신 당신을 모르고 싶은
죄스런 바람을 어찌해야 합니까

주문 외며 달아나다
내가 쓰러질 곳 또한
당신 품안일 것을

나무의 마음으로

참회의 눈물로 뿌리를 내려
하늘과 화해하는
나무의 마음으로 선다

천만 번을 가져도 내가 늘 목마를 당신
보고 싶으면
미루나무 끝에 앉은
겨울 바람으로 내가 운다

당신이 빛일수록
더 짙은 어둠의 나
이 세상 누구와도 닮은 일 없는
폭풍 같은 당신을 알아 편할 길 없다

오늘은 엇갈리는 만남의 비극 속에
내일은 열리는가
땅 위의 누구와도 바꿀 수 없는
내 존재의 끝은 당신

편히 잠들 날 없는
가장 정직한 나무의 마음으로
당신 앞에 선다

겨울 노래

끝없는 생각은
산기슭에 설목雪木으로 서고
슬픔은 바다로 치달려
섬으로 엎드린다

고해소에 앉아
나의 참회를 기다리는
은총의 겨울

더운 눈물은 소리없이
눈밭에 떨어지고

미완성의 노래를 개켜 들고
훌훌히 떠난 자들의 마을을 향해
나도 멀리 갈길을 예비한다

밤마다 깃발 드는
예언자의 목쉰 소리

오늘도
나를 기다리며
다듬이질하는 겨울

밤 바다

아무도 몰래 멍든 가슴을
어둠에 풀어 놓고
바다는 이제사 울고 있다

죽어서도 편히 잠들지 못한 이들을 위해
살아서도 유서를 쓰려는 이들을 위해
아무런 위로의 말도 뱉을 수 없는
메마른 제 심장을 실연당한 젊음을
소리 내어 울고 있다

피 냄새 석유 냄새 엉겨붙은 세상에
시퍼런 꿈을 팔다
목이 쉰 바다

귀먹은 자들이 귀찮아 내다버린
십자가를 혼자서 지고
새벽을 낳고 싶은 욕망에
신음하고 있다

진통 겪는 산모처럼 오열을 토하며
승리를 기다리는
어둠의 바다

아무도 예측할 수 없는
혁명의 내일을 위해
바다는 엎디어 칼을 갈고 있다

편지

밤은 항상
뜨거운 불가마에 나를 구워내는 도공陶工입니다

벗이여
칡뿌리같이 싸아한 향기를 거느린 밤 나는
깨어 사는 시인들을 생각합니다

어둠 속에 후둑후둑 비 맞고 섰는
빌린 목숨을 지켜보다
끝내는 신 앞에 무릎 꿇었다는
당신의 목소리를 기억합니다

지금은 고요히 창을 닫는 시간
허공을 뚫고 가는 기인 기적 소리에
흔들리는 향수 같은 것

떠나는 자들의 고독을 한몸에 휘감은
기차의 외침을 들으십시오

벗이여
우리에게 마침내 가야 할 집이 있음은
얼마나한 위로입니까

당신의 말씀대로
우리는 살아가면서 절망을 거듭하지만
절망하는 만큼의 희망을 앓은
얼마나한 축복입니까

내 영혼이 시의 우물을 파는
밤에는 아무도 말을 건네지 않습니다
밤에는 가장 겸허한 기도를 바칠 수 있습니다

벗이여
그리하여 이 밤엔 나도 도공이 되어
펄펄 끓는 한 줄의 시를
사랑의 불가마에 구워내고 싶습니다

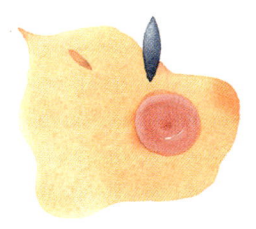

나목일기 裸木日記

살점을 떼어내는
한밤의 설풍雪風에
내가 앓고 있다

이 목마른 줄기를 축여 줄
고운 손길은 없는가

낯익은 사계四季와의 이별에
해마다 뻗어 가는
의지의 뿌리

하늘로 치솟는 고독을
땅 깊이 묻고
황량한 어둠의 들판에 빈 손을 들어
수신인 없는 편지를 쓴다

말로는 풀지 못할
끝없는 사유에
잠 못 드는 겨울

얼어붙은 심장에 불씨를 당길
산새 같은 마음의
친구를 기다린다

불망不忘의 날에

1
나의 시력을 앗아간 당신은
무서운 빛입니다
비밀의 독을 지닌

안개처럼 왔다가
홀연히 사라지는
성가신 당신

나의 혼이 사로잡힌
이 불면의 밤은
당신 탓입니다

2
당신을 위하여 꿈을 버립니다
당신을 위하여 나를 버립니다

어둠의 벼랑 끝에
투신하는 나의 별
당신을 보기 위해 눈을 감습니다

3
굳게 닫힌 내 마음의 빗장을
어떻게 열고 오십니까

나의 허락도 없이
뚜벅뚜벅 나그네로
빈 방을 채우러 오시는 당신

빗소리에 펄럭이는 촛불 사이로
새벽이 묻어 오는 백합 향기 사이로
나를 부르는 당신

4
아직은 보이지 않는 당신 때문에
나는 눈멀어
길을 잃습니다

생전에 풀지 못할
길고 긴 수수께끼의 당신
당신을 향한 불망의 날들에
내가 여위어 갑니다

대답해 주십시오

내가 누구인가를 대답해 주십시오
죽음보다 무서운 성 안에
가슴 찢는 수인囚人으로
우는 내가 누구인가를

지금은 아무것도
생각할 수 없습니다

들꽃 하나 피지 않은
나의 사막에
당신은 무엇을 주시렵니까

긴 세월에도 헐릴 수 없는
견고한 성 안에
뱀처럼 꿈틀대는 죽음을 보았습니다

절망의 늪에서 몸살을 앓으며
비로소 눈뜨는 목숨의 환희

어둠의 물레가 잣는
운명의 흰 실로 옷감을 짜며
아직도 알 수 없는
당신의 대답을 기다립니다

나는 당신의 누구인가를
어둠의 주인이여

5

내 혼에 불을 놓아

은화銀花가 되어

눈이 내린다. 지금 저 먼 하늘나라는 낙화의 계절인가. 천千의 만萬의 꽃잎이 되어 내리는 아프고 조용한 이별의 하얀 몸짓. 천상 어머니의 이야기처럼 쏟아져 내려오네. 내 이마에 떨어지는 정결한 고독의 안개꽃 무늬. 지금은 풍금소리 맞추어 산천을 뒤덮는 고운 무희여, 나도 너처럼 순하게 살다가 스러지고 싶다.

당신을 향해

간밤의 어수선한 꿈을 털고 일어나 찬물로 세수를 하면 눈이 뜨이는 아침, 나는 당신을 향해 한 마리 새가 되어 날으고 싶다. 내 좁은 방은 하늘이 되고, 내 무거운 육신은 날개를 달아, 멀리 떠나지 않고도 당신을 소유하는 새가 되는 연습을 한다. 한겨울 추위 속에 살아 있는 내가 깃을 치는 아침, 어둠을 먹고 크는 나의 기도 속에 보이지 않게 손을 내미는 당신.

머리를 빗듯

촘촘히 살이 박힌 빗으로 아침마다 머리를 빗듯 내 헝클어진 꿈들을 모두 일으켜 빗질하고 싶다. 허연 고뇌의 먼지도 말끔히 털어내는 시간. 명주실처럼 탄탄하고 질긴 내 사랑의 올을 가지런히 빗겨 땋아놓고 싶다. 그러나 가늘게 날이 선 빗으로도 빗질할 수 없는 아픔, 빗겨도 말 안 듣는 아픔은 어떻게 해야 할까.

아름다운 슬픔

이별보다 더 아름다운 슬픔은 없다. 수없이 망설이며 사랑하는 것들을 떠나보낸 뒤, 하얀 라일락 향기로 피어오른 나의 눈물, 이별은 야속하게 손을 내밀지만 서늘한 눈의 자비를 베풀며 떠나려 한다. 철없는 나를 거울 앞에 세워 새옷을 입혀놓고 돌아서는 친구. 내가 비로소 유순한 영혼으로 당신께 돌아와 문을 여는 자유. 사무치던 서러움은 새가 되리라. 훨훨 날고 싶은 기도와 뉘우침의 산실, 이별보다 더 후련한 비애는 없다.

깨어 사는 고독

　외출했다 돌아온 나의 빈 방에, 흰 무명옷을 빨아입은 정갈한 모습. 말없이 날 기다려 준 고운 눈매의 너. 손짓하지 않아도 밤낮 내 방을 지키며 깨어 사는 손님인가. 천장에도, 벽에도, 문에도 숨어 있다 가슴으로 파고드네. 죽고 나면 또 어느 누가 이 나무침대 위에 쉬게 될까. 지금은 내가 이 자리에 누워 너를 만난다. 들을수록 정다운 카랑카랑한 목소리 뽑아 네가 노래를 하면 나의 방은 신기한 바닷속 궁전이 된다. 지느러미 하늘대는 한 마리 물고기처럼 나는 짜디짠 밤의 물을 마신다.

어느 일기

　어제는 다정히 웃던 그 사람이 오늘은 세상에 없다. 소식을 듣고 잠이 오지 않는다. 내일 그의 장례식엔 어떤 기도를 바칠까. 내일도 해는 뜨고 지겠지. 누군가 또 마지막 숨을 내쉴지 모르는데 — 나는 아무에게도 할 말이 없다. 반딧불처럼 반짝 살아 있는 나도 언젠가는 스러질 터인데 — 묵은 편지 가득한 서랍을 여니 해야 할 기도도 사랑의 의무도 모두 밀려 있다. 울고만 싶다.

길을 떠날 때

　길을 떠날 때면 처음으로 빛을 보는 나비가 된다. 바람따라 떠다니는 한숨 같은 민들레씨, 내일 향한 소리없는 사라짐을 본다. 여행길에 오르면 내가 아직 살아 있는 기쁨을 수없이 감사하고, 서서히 죽어 가는 슬픔을 또한 감사한다. 산, 나무, 강에게 손을 흔들며 나는 들꽃처럼 숨어 피는 이웃을 생각한다. 숨어서도 향기로운 착한 이웃들에게 다정한 목례를 보낸다.

나의 시

　제대로 옷을 못 입어 볼품 없어도 키운 정 때문에 버릴 수 없는 나의 시, 써도 써도 끝까지 부끄러운 나의 시는 나를 닮아 언제나 혼자서 사는 게지. 맨몸으로 펄럭이는 제단 위의 촛불 같은 나의 언어, 나의 제물. 내가 너를 만나면 길이 열린다. 아직 그 누구도 밟지 않은 하얀 새벽길, 그곳에 비로소 설레는 나의 하루가 있다.

황홀한 고백

　사랑한다는 말은 가시덤불 속
에 핀 하얀 찔레꽃의 한숨 같은 것.
내가 당신을 사랑한다는 말은 한 자락 바람에도 문득 흔들리
는 나뭇가지. 당신이 나를 사랑한다는 말은 무수한 별들을 한
꺼번에 쏟아내는 거대한 밤하늘이다. 어둠 속에서도 훤히 얼
굴이 빛나고 절망 속에서도 키가 크는 한 마디의 말. 얼마나
놀랍고도 황홀한 고백인가. 우리가 서로 사랑한다는 말은.

내 혼에 불을 놓아

　언제쯤 당신 앞에 꽃으로 피겠습니까. 불고 싶은 대로 부시
는 노을빛 바람이여, 봉오리로 맺혀 있던 갑갑한 이 아픔이
소리없이 터지도록 그 타는 눈길과 숨결을 주십시오. 기다림
에 초조한 내 비밀스런 가슴을 열어놓고 싶습니다. 나의 가느
다란 꽃술의 가느다란 슬픔을 이해하는 은총의 바람이여, 당
신 앞에 "네"라고 대답하는 나의 목소리는 언제나 떨리는 3월
입니다. 고요히 내 혼에 불을 놓아 꽃으로 피워내는 뜨거운
바람이여.

어느 봄날

겨우내 참고 있던 진분홍 그리움이 진달래로 피는 봄. 당신이 오시어 다시 피는 이 목숨의 꽃도 흔들립니다. 크신 이름이 나날이 새로 돋는 이 연둣빛 가슴에 진정 죽은 것이란 하나도 없습니다. 소생하는 당신의 대지 위에서 다시 낯을 씻는 나. 당신이 창조하신 죄없는 꽃들의 얼굴을 닮게 하시고 그 웃음처럼 환히 당신 앞에 피는, 그 울음처럼 겸허히 당신 앞에 지는 한 송이 떨리는 영혼이게 하소서. 때를 가릴 줄 아는 지혜를 깨우치게 하소서.

당신 앞에 나는

당신 앞에 나는 꼼짝도 할 수 없는 항아리예요. 비켜설 땅도 없는 이 자리에서 당신만 생각하는 길고 긴 밤낮. 나는 처음부터 뚜껑 없는 몸이었어요. 햇빛을 담고, 바람을 담고, 구름을 담고, 아직도 남아 있는 비인 자리, 당신만이 채우실 자리. 당신 앞에 나는 늘 얼굴 없는 항아리, 기다림에 가슴이 크는 항아리예요.

기다리는 행복

  온 생애를 두고 내가 만나야 할 행복의 모습은 수수한 옷차림의 기다림입니다. 겨울 항아리에 담긴 포도주처럼 나의 언어를 익혀 내 복된 삶의 즙을 짜겠습니다. 밀물이 오면 썰물을, 꽃이 지면 열매를, 어둠이 구워내는 빛을 기다리며 살겠습니다. 나의 친구여, 당신이 잃어버린 나를 만나러 더 이상 먼 곳을 헤매지 마십시오. 내가 길들인 기다림의 일상 속에 머무는 나. 때로는 눈물 흘리며 내가 만나야 할 행복의 모습은 오랜 나날 상처받고도 죽지 않는 기다림, 아직도 끝나지 않은 나의 소임입니다.

□추천사□

홍윤숙(시인)

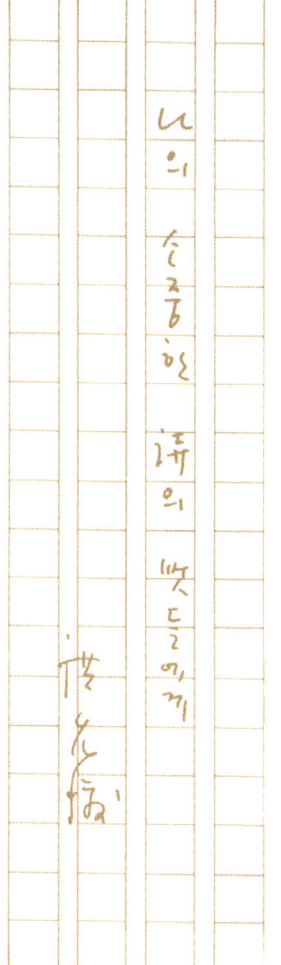

나의 소중한 시의 벗들이여,

잊지 않으셨을 줄 압니다. 당신의 이웃에서 이름없이 작고 작은 '민들레의 영토'를 가꾸면서 샘물 같은 시심을 속속들이 당신들께 고백해 온 결곡하고 아름다운 한 수도자를.

그가 이제 두 번째 편지를, 믿음과 사랑과 고뇌의 길고 아픈 편지를 당신들에게 띄웁니다. 들어 주십시오.

초라해도 봄이 오는 나의 안뜰에
당신을 모시면
기쁨 터뜨리는 매화 꽃망울

문신 같은 그리움을
이 가슴에 찍어 논
당신은 이상한 나라의 주인

지울 수 없는 슬픔도

당신 앞엔

축복입니다

　　　　　―「봄 아침」

부르지 않아도

이미

와 있는 너

이승의 어느 끝엘 가면

네 모습

안 보일까

물 같은 그리움을

아직은 우리

아껴 써야 하리

내가 바람이면

끝도 없는 파도로

밀리는 너

　　　　　―「내일」

내가 만약 다시 태어난다면

엄청난 당신보다는

덜 힘든 한 사람을 선택하겠습니다

(중략)

내가 만약 죽어서

다시 태어난다면

사랑이신 당신을 모르고 싶은

죄스런 바람을 어찌해야 합니까

- 「다시 태어난다면」

나의 소중한 시의 벗들이여,

이 적나라한 나심의 목소리를 들으십시오.

사랑의 기쁨과 고뇌, 신앙의 역설적 고백을 들으십시오.

입술과 말로 꾸미는 매끄러운 소리가 아니라

가슴과 핏줄로 토해내는 깊은 영혼의 소리를 들으십시오.

대패질도 기름칠도 하지 않은

마구 깎아낸 원목 같은 생명감을,

그 거친 살결 속에 숨은 한없이 뜨거운 숨결을,

뚝뚝 찍어낸 생목生木의 향기로움을,

가슴 뜨거운 나의 소중한 시의 벗들이여,

귀 기울여 들어 주십시오.

바로 당신의 기쁨, 당신의 아픔, 당신의 사랑과 고뇌가
그 속에 있습니다.
이 천심天心의 작은 수녀, 그는 바로 당신 자신입니다.
지적 과잉, 공소한 언어 기교, 관념적 유희에 식상한
나의 시의 벗들이여,
이같이 천심 소박하고 구구절절한 시의 고향에 돌아가
다시 한번 만감의 향수와 감동을 나누십시오.
내가 이 두 번째 시집에 감히 다시
축하의 말을 부치는 것도 바로 그러한 감동 때문입니다.
나의 소중한 시의 벗들이여,
이 한 권의 시집이 당신의 머리맡에
늘 환히 불밝힌 등불이 될 것을 나는 믿습니다.